AF221976

Impressum
Verlag: BABADADA GmbH, Nedderfeld 112 , 22529 Hamburg
Geschäftsführer / Verlagsleitung: Harald Hof
Druck: Books on Demand GmbH, In de Tarpen 42, 22848 Norderstedt

Imprint
Publisher: BABADADA GmbH, Nedderfeld 112 , 22529 Hamburg, Germany
Managing Director / Publishing direction: Harald Hof
Print: Books on Demand GmbH, In de Tarpen 42, 22848 Norderstedt, Germany

iskola

школа

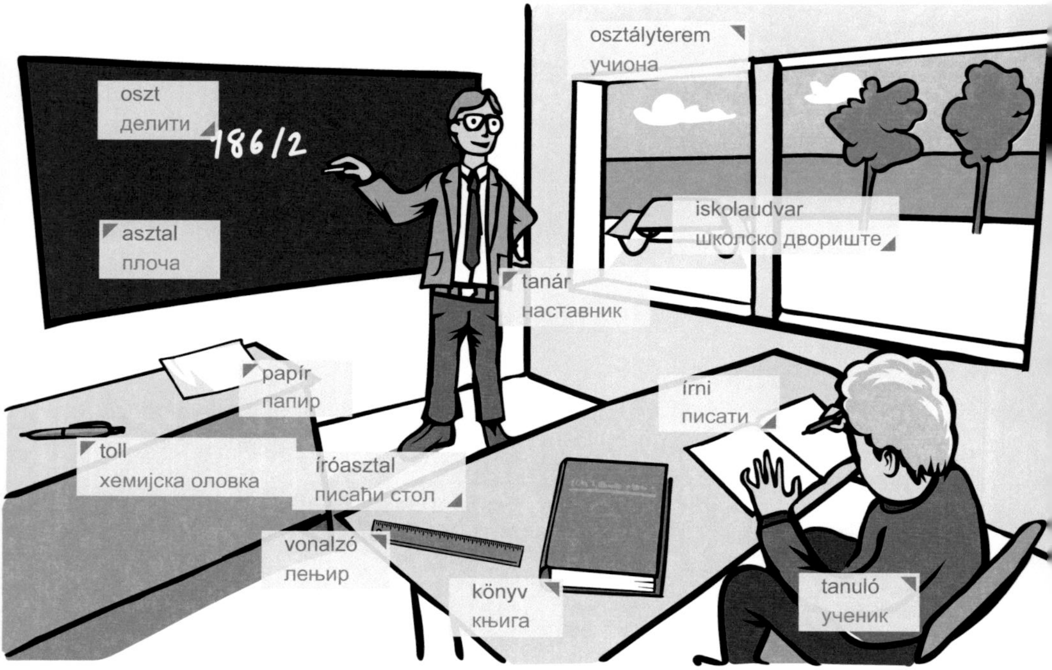

osztályterem
учиона
oszt
делити
186/2
asztal
плоча
iskolaudvar
школско двориште
tanár
наставник
papír
папир
írni
писати
toll
хемијска оловка
íróasztal
писаћи стол
vonalzó
лењир
könyv
књига
tanuló
ученик

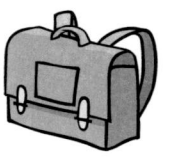

iskolatáska
торба

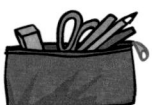

tolltartó
перница

ceruza
графитна оловка

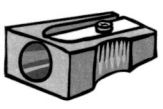

ceruzahegyező
шиљило за оловке

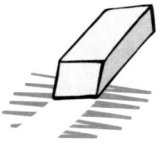

radír
гумица за брисање

rajzfüzet
блок за цртање

rajz

цртеж

ecset

кист

festőkészlet

кутија са бојама

olló

маказе

ragasztó

лепило

munkafüzet

бележница

házi feladat

домаћи задатак

szám

број

összead

сабирати

kivon

одузимати

szoroz

множити

számol

рачунати

betű

слово

ABC

абецеда

szó

реч

szöveg

текст

olvasni

читати

kréta

креда

tanóra

час

napló

дневник

vizsga

испит

bizonyítvány

сведочанство

iskolai egyenruha

школска униформа

oktatás

образовање

enciklopédia

лексикон

egyetem

универзитет

mikroszkóp

микроскоп

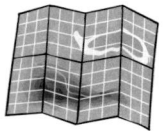

térkép

карта

papír-hulladék gyűjtő

кошара за папир

hotel
хотел

szállás
преноћиште

ROOMS

EXCHANGE

valutaváltó iroda
мењачница

bőrönd
кофер

autó
ауто

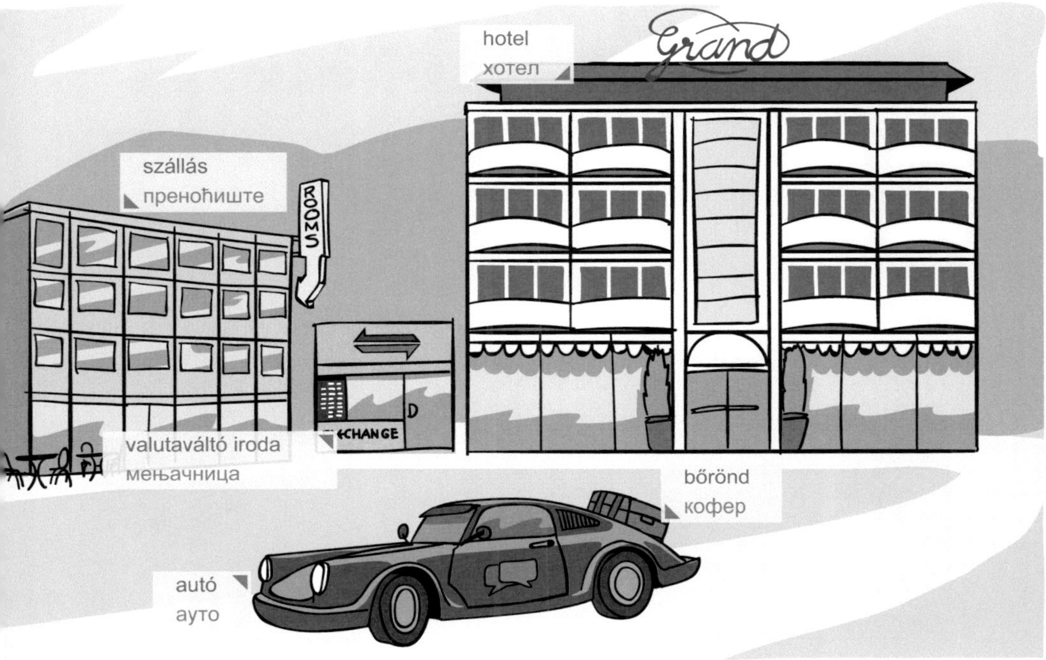

nyelv

језик

igen/nem

да / не

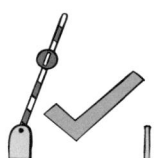

rendben

океј

szia

здраво

fordító

преводилац

köszönöm

хвала

mennyibe kerül...?

Колико кошта...?

nem értem

не разумем

probléma

проблем

Jó estét!

добро вече!

jó reggelt!

Добро јутро!

jó éjszakát!

Лаку ноћ!

viszontlátásra

довиђења

útirány

смер

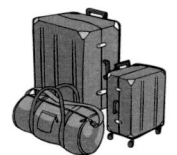

poggyász

пртљага

táska

торба

hátizsák

руксак

vendég

гост

szoba

соба

hálózsák

врећа за спавање

sátor

шатор

turista információ

туристичке информације

strand

плажа

hitelkártya

кредитна картица

reggeli

доручак

ebéd

ручак

vacsora

вечера

jegy

карта за вожњу

lift

лифт

bélyeg

поштанска маркица

határ

граница

vám

царина

nagykövetség

амбасада

vízum

виза

útlevél

пасош

közlekedés
транспорт

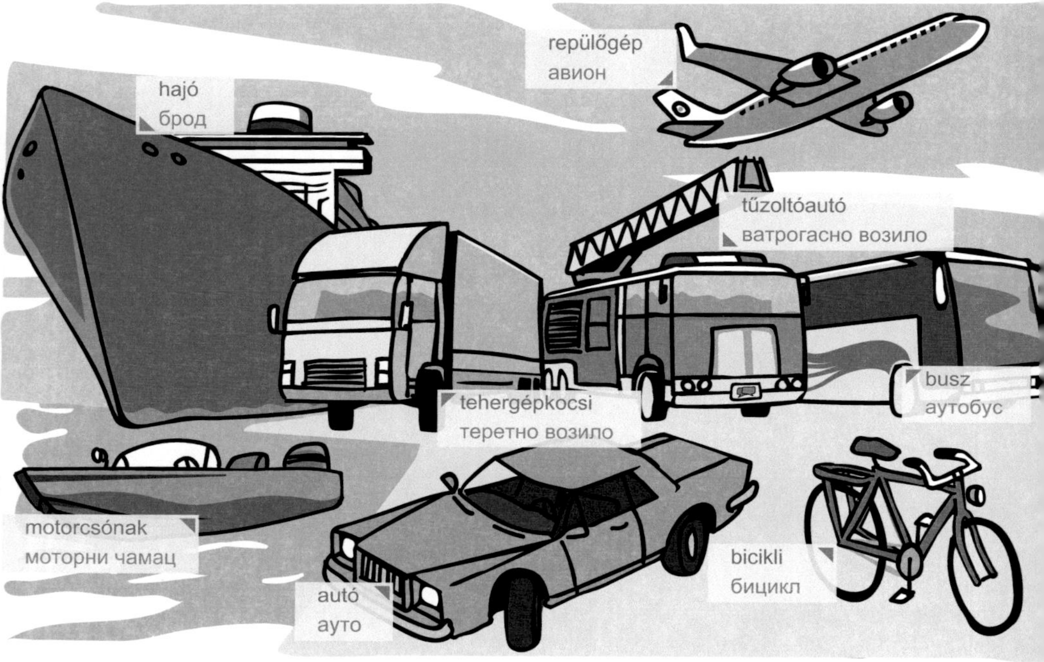

repülőgép
авион
hajó
брод
tűzoltóautó
ватрогасно возило
busz
аутобус
tehergépkocsi
теретно возило
motorcsónak
моторни чамац
bicikli
бицикл
autó
ауто

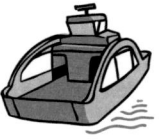

komp
траjeкт

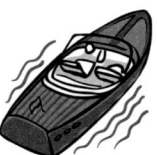

csónak
чамац

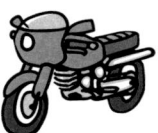

motorkerékpár
мотоцикл

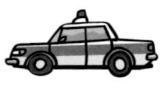

rendőrautó
полицијски ауто

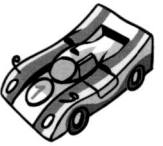

versenyautó
тркаћи ауто

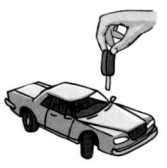

bérautó
изнајмљено ауто

telekocsi

делење аутомобила

vontató

вучно возило

szemetes autó

возило за одвоз смећа

motor

мотор

üzemanyag

бензин

benzinkút

бензинска станица

közlekedési tábla

саобраћајни знак

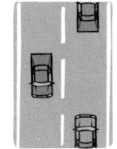

forgalom

саобраћај

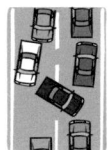

forgalmi dugó

застој

parkoló

паркиралиште

vonatállomás

железничка станица

sínek

шине

vonat

воз

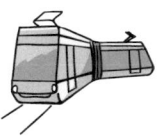

villamos

трамвај

vagon

вагон

helikopter

хеликоптер

repülőtér

аеродром

torony

кула

utas

путник

konténer

контејнер

kartondoboz

картон

taliga

колица

kosár

корпа

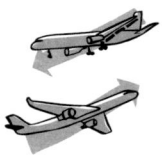

felszáll / leszáll

узлетети / слетети

város

град

falu

село

városközpont

центар града

ház

кућа

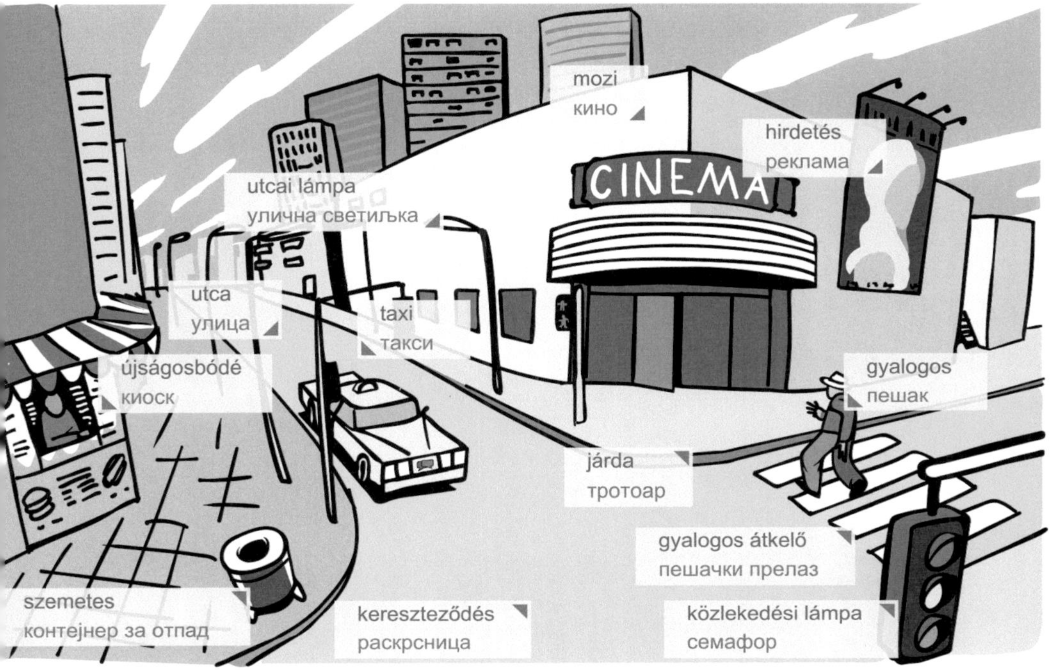

mozi
кино

hirdetés
реклама

utcai lámpa
улична светиљка

CINEMA

utca
улица

taxi
такси

gyalogos
пешак

újságosbódé
киоск

járda
тротоар

gyalogos átkelő
пешачки прелаз

szemetes
контејнер за отпад

kereszteződés
раскрсница

közlekedési lámpa
семафор

kunyhó

колиба

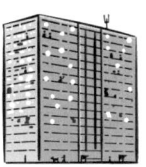

lakás

стан

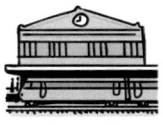

vonatállomás

железничка станица

városháza

већница

múzeum

музеј

iskola

школа

egyetem

универзитет

bank

банка

kórház

болница

hotel

хотел

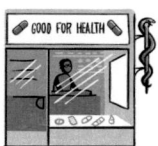

gyógyszertár

апотека

iroda

канцеларија

könyvesbolt

књижара

üzlet

продавница

virágüzlet

цвећара

szupermarket

супермаркет

piac

трг

áruház

робна кућа

halárus

рибарница

bevásárló központ

трговачки центар

kikötő

лука

park

парк

pad

клупа

híd

мост

lépcső

степенице

metró

подземна железница

alagút

тунел

buszmegálló

аутобуска станица

bár

бар

étterem

ресторан

postaláda

поштанско сандуче

utcatábla

улични знак

parkoló óra

паркирни аутомат

állatkert

зоолошки врт

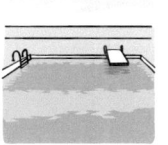

uszoda

базен

mecset

џамија

gazdálkodás

сеоско газдинство

környezetszennyezés

загађење околине

temető

гробље

templom

црква

játszótér

игралиште

szentély

храм

táj
пејсаж

levél
лист

útjelző tábla
путоказ

út
пут

rét
ливада

kő
камен

fa
дрво

túrázó
шетач

folyó
река

fű
трава

virág
цвет

völgy

долина

domb

планина

tó

језеро

erdő

шума

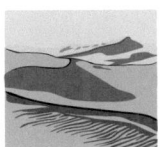

sivatag

пустиња

vulkán

вулкан

kastély

дворац

szivárvány

дуга

gomba

гљива

pálmafa

палма

szúnyog

москито

légy

мува

hangya

мрав

méhecske

пчела

pók

паук

bogár

буба

béka

жаба

mókus

веверица

sündisznó

јеж

nyúl

зец

bagoly

сова

madár

птица

hattyú

лабуд

vaddisznó

дивља свиња

szarvas

јелен

rénszarvas

лос

gát

насип

szélturbina

ветрењача

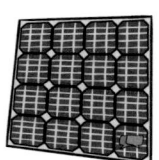

napelem

соларна плоча

éghajlat

клима

étterem
ресторан

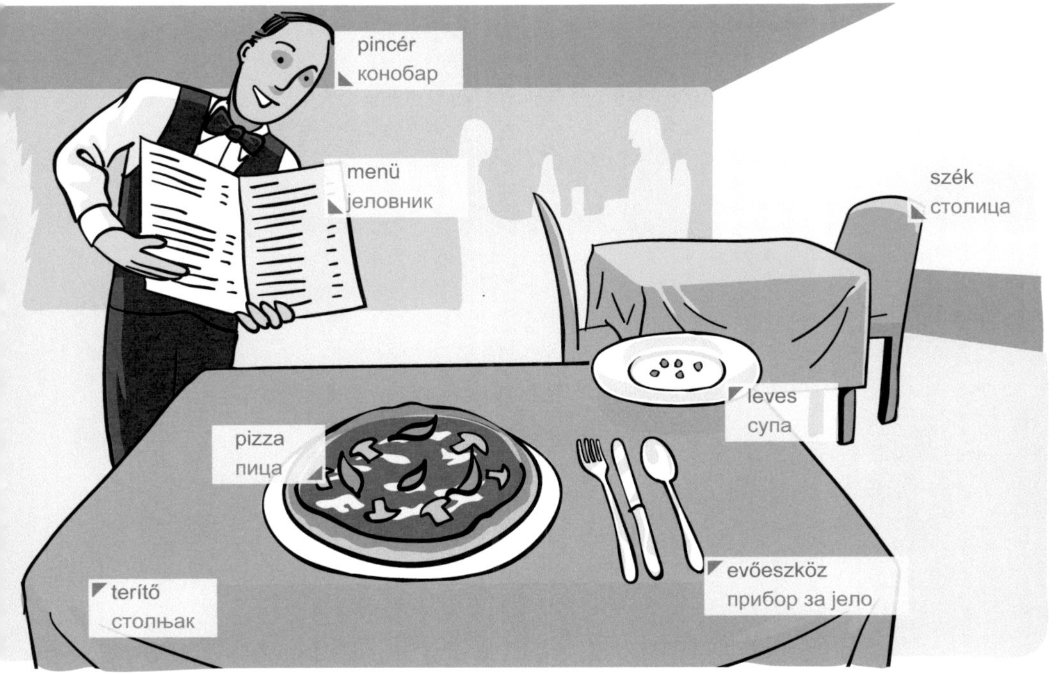

pincér
конобар
menü
јеловник
szék
столица
leves
супа
pizza
пица
evőeszköz
прибор за јело
terítő
столњак

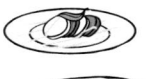

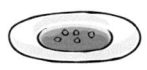

előétel

предјело

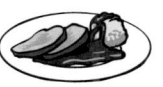

főétel

главно јело

desszert

десерт

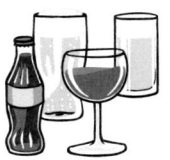

italok

напитци

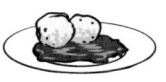

étel

јело

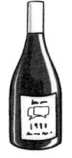

üveg

флаша

gyorsétel

брза храна

gyorsétel

имбис храна

teás kanna

чајник

cukortartó

доза за шећер

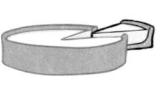

adag

порција

eszpresszógép

апарат за еспресо

bárszék

висока столица

számla

рачун

tálca

послужавник

kés

нож

villa

виљушка

kanál

кашика

teáskanál

чајна кашика

szalvéta

салвета

pohár

чаша

tányér

тањир

leveses tányér

тањир за супу

csészealj

тањирић

szósz

сос

sószóró

сољенка

borsőrlő

млин за бибер

ecet

сирће

étkezési olaj

уље

fűszerek

зачини

ketchup

кечап

mustár

сенф

majonéz

мајонеза

szupermarket
супермаркет

különleges ajánlat
понуда
FOR
ügyfél
купац
tejtermék
млечни производи
gyümölcsök
воће
bevásárló kocsi
колица за куповину

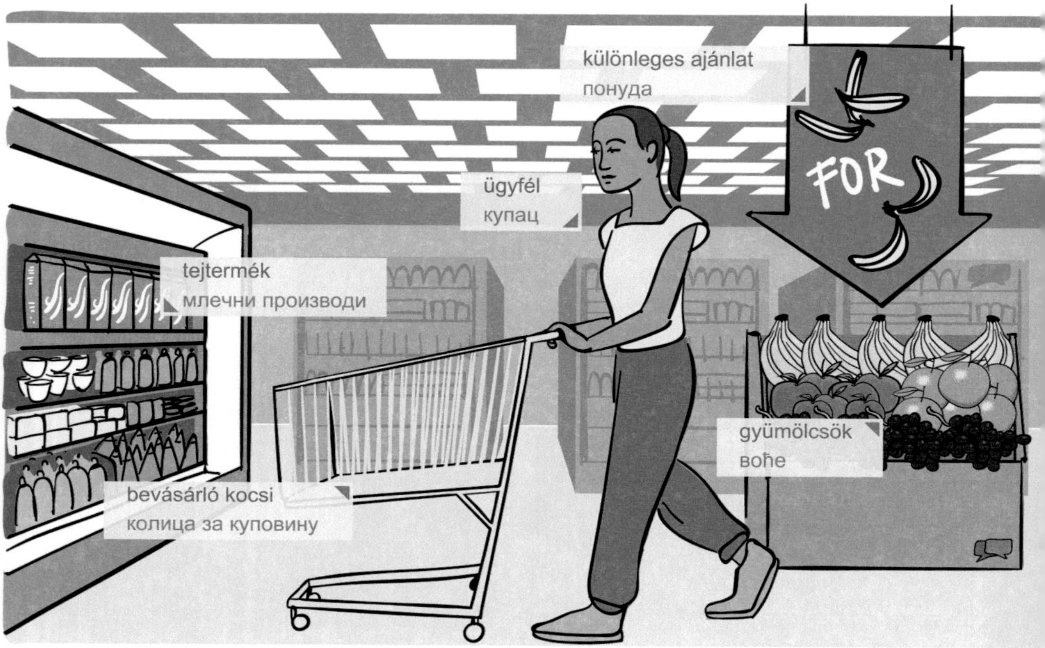

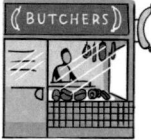

BUTCHERS

hentes

месница

BAKERY

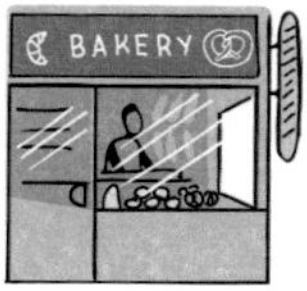

pékség

пекара

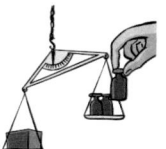

nyom valamennyit

вагати

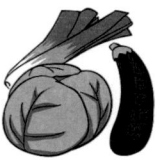

zöldség

поврће

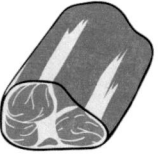

hús

месо

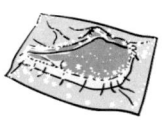

fagyasztott áru

смрзнута храна

felvágott

нарезак

konzerv

конзерве

mosópor

средство за прање

édességek

слаткиши

háztartási termék

артикли за домаћинство

tisztítószerek

средства за чишћење

eladó

продавачица

pénztárgép

благајна

eladó

благајник

bevásárló lista

листа за куповину

nyitva tartás

време рада

levéltárca

новчаник

hitelkártya

кредитна картица

zacskó

торба

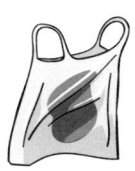

műanyag zacskó

пластична кеса

víz

вода

gyümölcslé

сок

tej

млеко

kóla

кола

bor

вино

sör

пиво

alkohol

алкохол

kakaó

какао

tea

чај

kávé

кава

eszpresszó

еспресо

kapucsínó

капуђино

banán

банана

alma

јабука

narancs

наранџа

sárgadinnye

лубеница

citrom

лимун

sárgarépa

шаргарепа

fokhagyma

бели лук

bambusz

бамбус

hagyma

лук

gomba

гљива

magvak

орашасти плодови

nokedli

резанци

spagetti

шпагете

rizs

рижа

saláta

салата

sült krumpli

помфрит

sült burgonya

печени крумпир

pizza

пица

hamburger

хамбургер

szendvics

сендвич

hússzelet

шницла

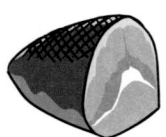

sonka

шунка

szalámi

салама

kolbász

кобасица

csirke

кокош

pecsenye

печење

hal

риба

zabkása

зобене пахуљице

müzli

мусли

kukoricapehely

кукурузне пахуљице

liszt

брашно

croissant

кроасан

zsemle

пециво

kenyér

хлеб

pirítós kenyér

тоаст

keksz

кекси

vaj

маслац

túró

свежи сир

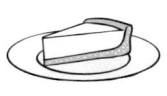

sütemény

колач

tojás

jaje

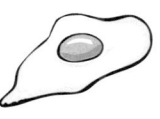

tükörtojás

jaje на око

sajt

сир

jégkrém

сладолед

cukor

шећер

méz

мед

lekvár

мармелада

mogyorókrém

нугат крема

curry

кари

gazdálkodás
сеоско газдинство

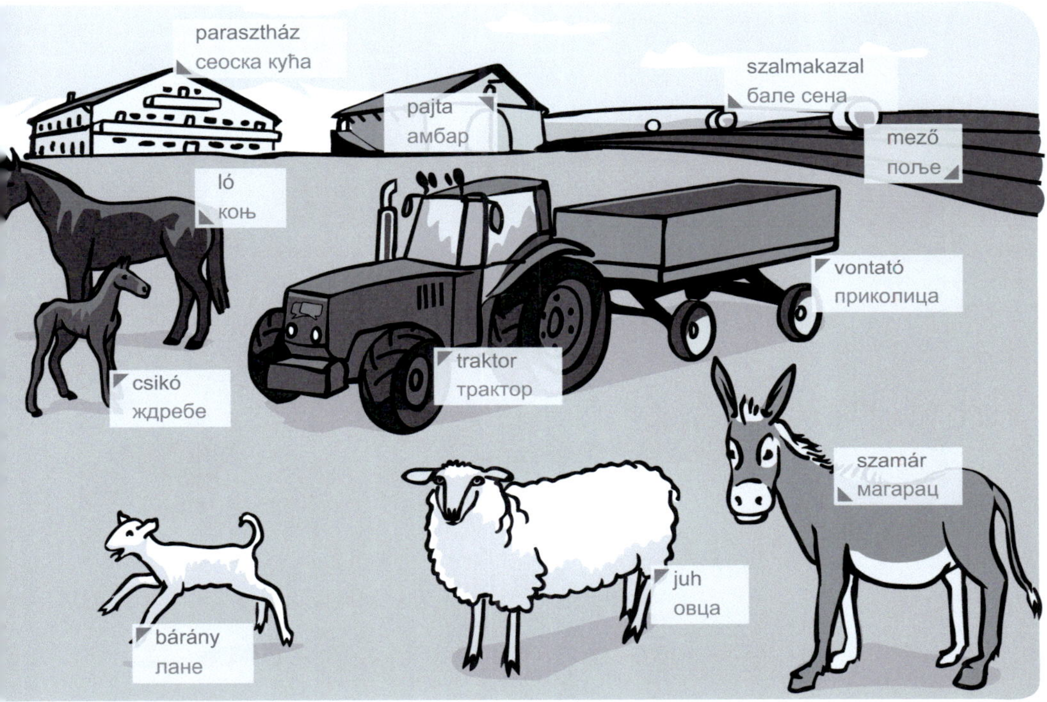

parasztház
сеоска кућа
pajta
амбар
szalmakazal
бале сена
mező
поље
ló
коњ
vontató
приколица
traktor
трактор
csikó
ждребе
szamár
магарац
juh
овца
bárány
лане

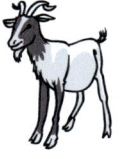

kecske

коза

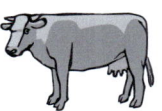

tehén

крава

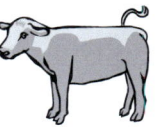

borjú

теле

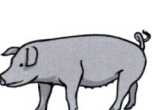

malac

свиња

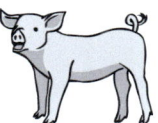

kismalac

прасе

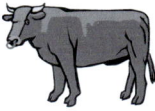

bika

бик

liba

гуска

kacsa

патка

csibe

пилићи

tojó

кокош

kakas

петао

patkány

пацов

macska

мачка

egér

миш

ökör

вол

kutya

пас

kutyaház

кућица за пса

kerti öntözőcső

вртно црево

öntözőkanna

канта за поливање

kasza

коса

eke

плуг

sarló

срп

kapa

мотика

vasvilla

виљушка за ђубриво

fejsze

секира

talicska

тачке

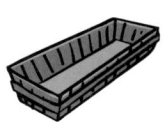

teknő

корито

tejes kancsó

посуда за млеко

zsák

врећа

kerítés

ограда

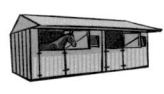

istálló

штала

üvegház

стакленик

talaj

земља

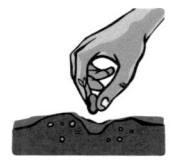

vetőmag

семе

trágya

ђубриво

cséplőgép

комбајн

szüretelni

жети

betakarítás

жетва

yamgyökér

јамс зачин

búza

пшеница

szója

соја

burgonya

крумпир

kukorica

кукуруз

repcemag

уљана репица

gyümölcsfa

воћка

manióka

гомољ маниоке

gabona

житарице

ház

кућа

kémény
димњак
tető
кров
eresz
жлеб
ablak
прозор
garázs
гаража
ajtócsengő
звоно
ajtó
врата
szemetes
корпа за отпад
postaláda
поштанско сандуче
kert
врт

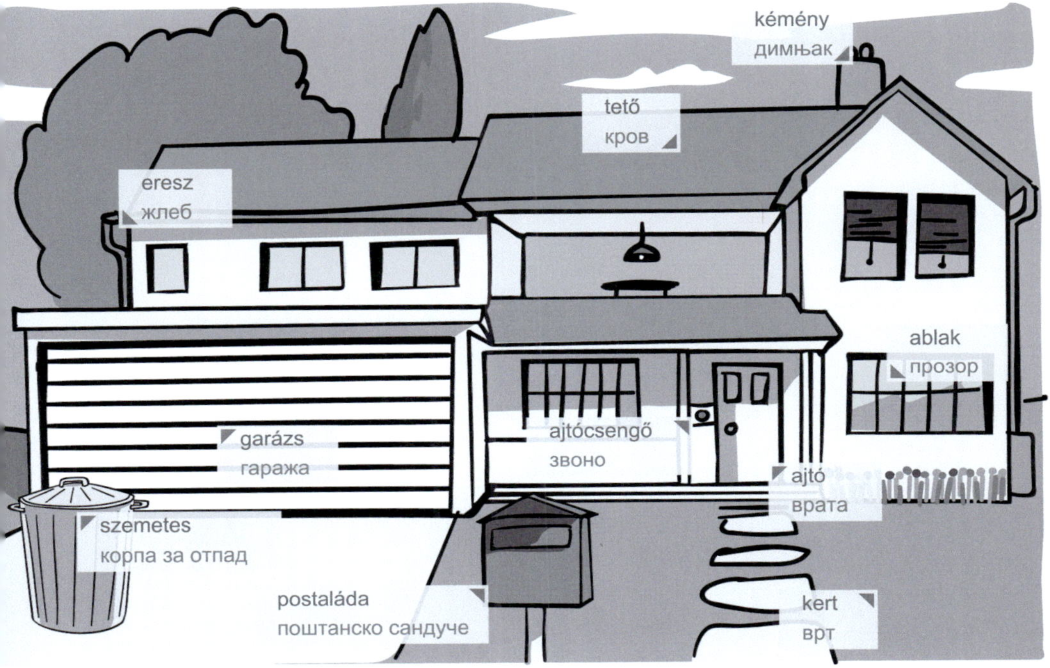

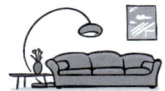

nappali

дневна соба

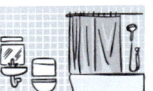

fürdőszoba

купаоница

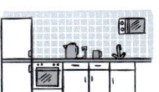

konyha

кухиња

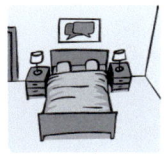

hálószoba

спаваћа соба

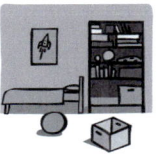

gyerekszoba

дечија соба

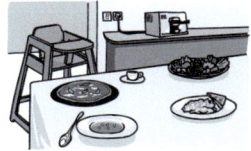

ebédlő

трпезарија

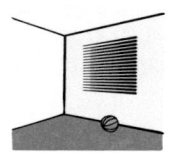

padló

под

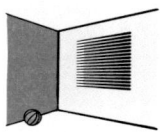

fal

зид

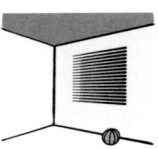

plafon

строп

pince

подрум

szauna

сауна

erkély

балкон

terasz

тераса

medence

базен

fűnyíró

косилица за траву

lepedő

постељина за кревет

ágytakaró

дека за кревет

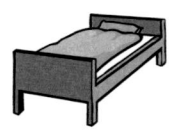

ágy

кревет

seprű

метла

vödör

канта

kapcsoló

прекидач

nappali
дневна соба

tapéta
тапета
kép
слика
lámpa
светиљка
polc
регал
szekrény
ормар
televízió
телевизија
kandalló
камин
virág
цвет
párna
јастук
kanapé
кауч
váza
ваза
távirányító
даљински управљач

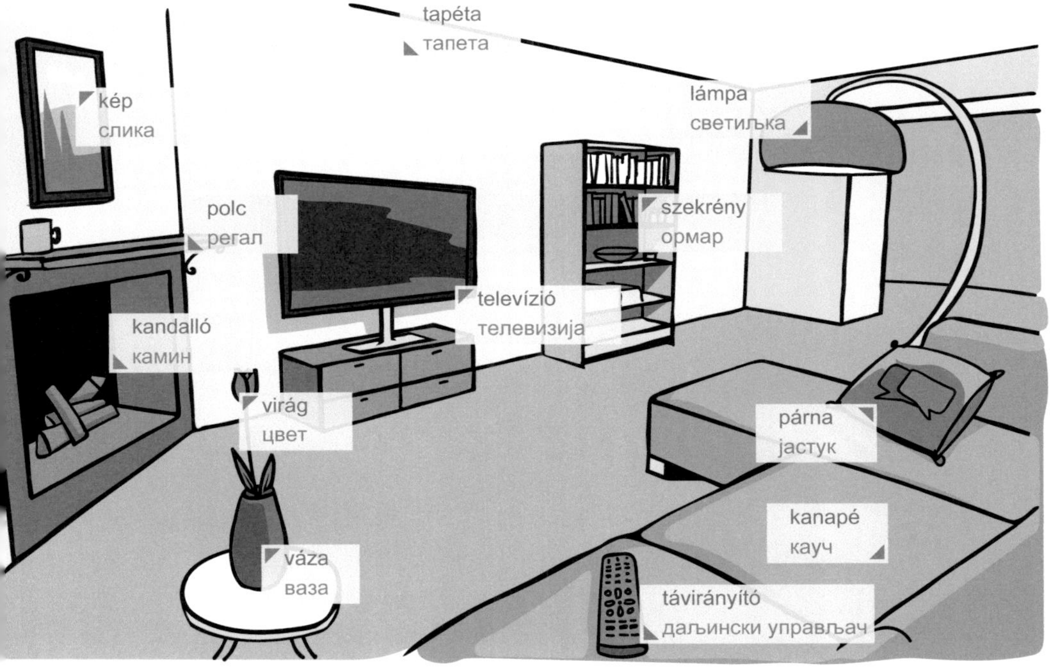

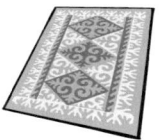

szőnyeg
тепих

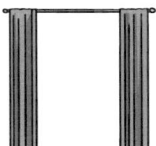

függöny
завеса

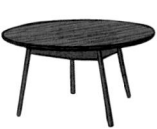

asztal
сто

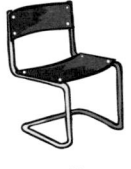

szék
столица

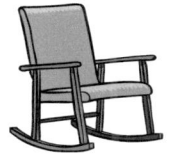

hintaszék
столица за њихање

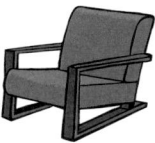

karosszék
фотеља

könyv

књига

takaró

дека

dekoráció

декорација

tűzifa

дрво за огрев

film

филм

hifi

хи-фи уређај

kulcs

кључ

újság

новине

festmény

слика на платну

poszter

постер

rádió

радио

jegyzetfüzet

блок за писање

porszívó

усисивач

kaktusz

кактус

gyertya

свећа

konyha
кухиња

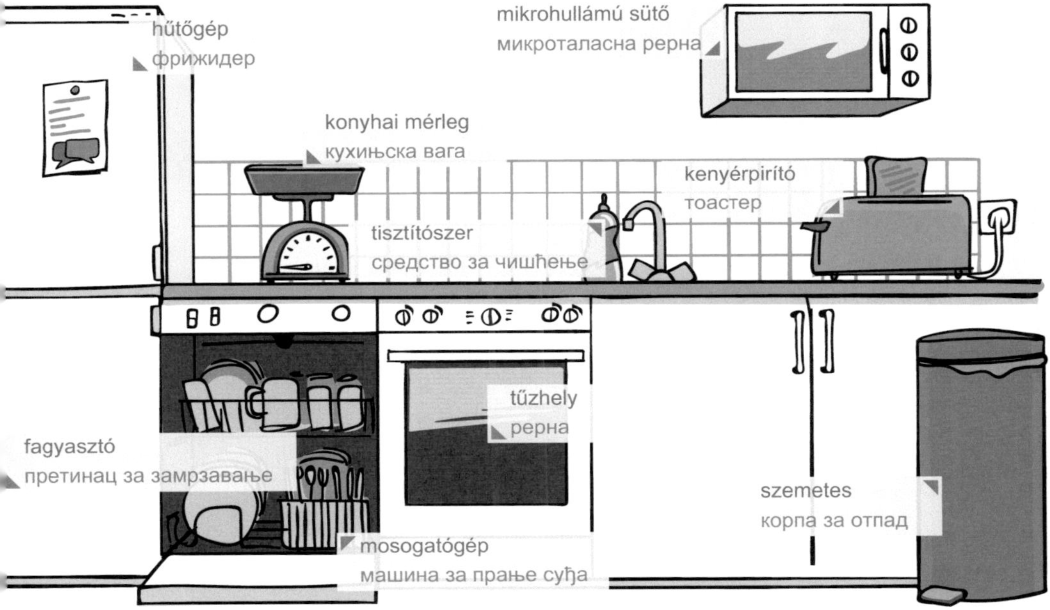

hűtőgép
фрижидер
mikrohullámú sütő
микроталасна рерна
konyhai mérleg
кухињска вага
kenyérpirító
тоастер
tisztítószer
средство за чишћење
tűzhely
рерна
fagyasztó
претинац за замрзавање
szemetes
корпа за отпад
mosogatógép
машина за прање суђа

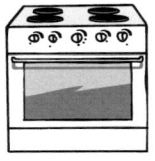

tűzhely

шпорет

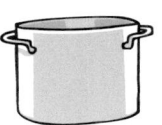

edény

лонац

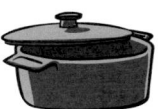

vasfazék

гвоздени лонац

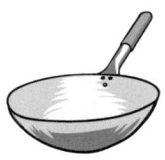

wok / kadai

вок / кадаи

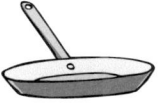

serpenyő

тава

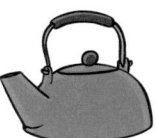

vízforraló

кувало за воду

pároló

кувало на пару

tepsi

лим за печење

étkészlet

посуђе

bögre

чаша

tálka

посуда

evőpálcika

штапићи за јело

merőkanál

кутлача

keverőlapátka

лопатица

habverő

пењача

szűrő

сито за кување

szita

сито

reszelő

рибеж

mozsár

мужар

grillsütő

роштиљ

kandalló

огњиште

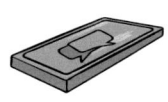

vágódeszka

даска

sodrófa

оклагија

dugóhúzó

вадичеп

doboz

конзерва

konzervnyitó

отварач конзерви

edényfogó

крпа за лонац

mosogató

судопер

kefe

четка

szivacs

сунђер

turmixgép

миксер

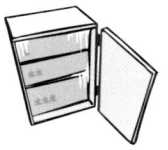

mélyhűtő

замрзивач

cumisüveg

флашица за бебе

csap

славина за воду

fürdőszoba
купаоница

fűtés
грејање
zuhany
туш
törölköző
пешкир
zuhanyfüggöny
завеса за туш
habfürdő
пенушава купка
kád
када
pohár
чаша
mosógép
машина за прање веша
csap
славина за воду
csempe
плочице
bili
тута
mosogató
судопер

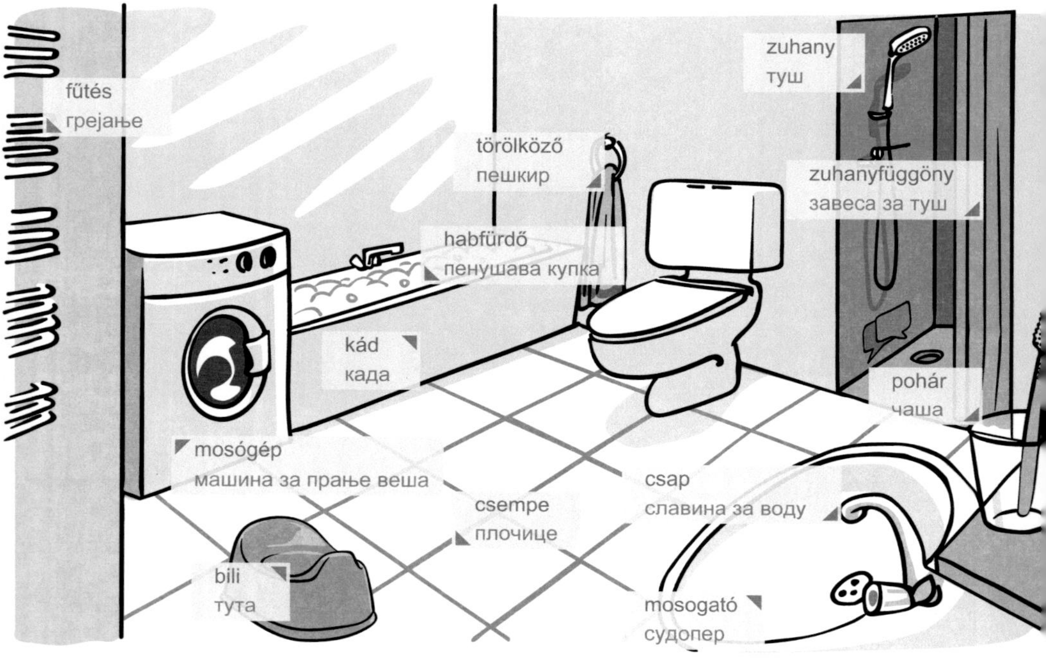

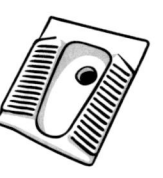

toalett

тоалет

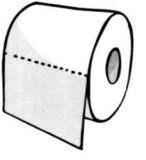

guggolós toalett

чучавац

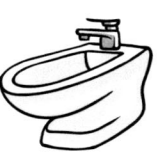

bidé

бидет

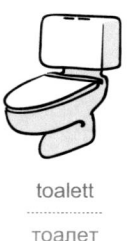

piszoár

писоар

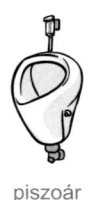

toalett papír

тоалетни папир

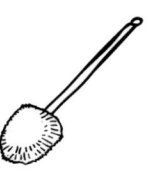

wc kefe

четка за тоалет

fogkefe

четкица за зубе

fogkrém

паста за зубе

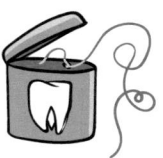

fogselyem

конац за зубе

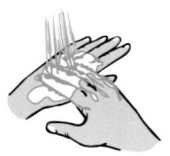

mosni

прати

kézi zuhany

туш ручица

intimzuhany

туш за прање интимних делова

mosdótál

лавор

hátmosó kefe

четка за прање леђа

szappan

сапун

tusfürdő

гел за туширање

sampon

шампон

mosdókesztyű

крпа за прање

lefolyó

одвод

krém

крема

dezodor

дезодоранс

tükör

огледало

kézitükör

козметичко огледало

borotva

бријач

borotvahab

пена за бријање

borotválkozás utáni
arcszesz

лосион за после бријања

fésű

чешаљ

hajkefe

четка

hajszárító

фен за косу

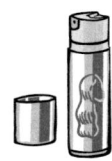

hajlakk

спреј за косу

smink

шминка

ajakrúzs

руж за усне

körömlakk

лак за нокте

vatta

вата

körömvágó olló

маказе за нокте

parfüm

парфем

neszesszer

козметичка торбица

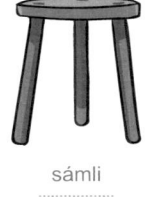

sámli

столица

mérleg

вага

köntös

огртач

gumikesztyű

рукавице за чишћење

tampon

тампон

egészségügyi betét

уложак

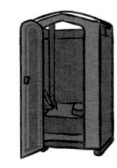

vegyi WC

хемијски тоалет

gyerekszoba
дечија соба

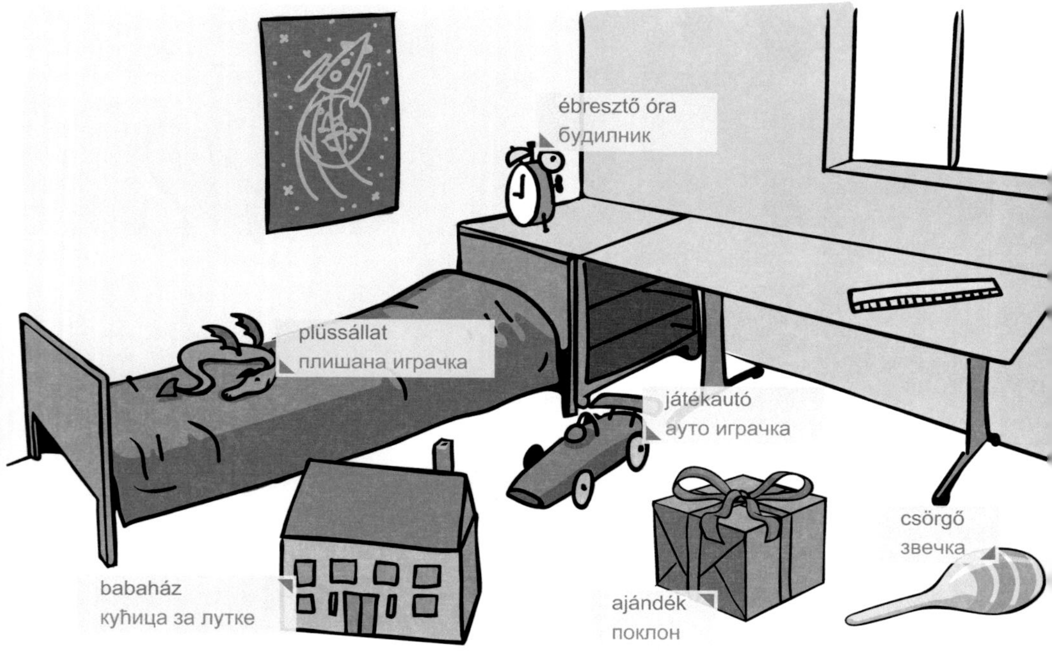
ébresztő óra
будилник
plüssállat
плишана играчка
játékautó
ауто играчка
csörgő
звечка
babaház
кућица за лутке
ajándék
поклон

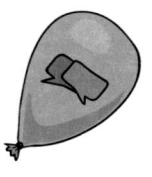

lufi

балон

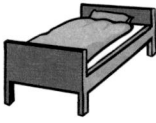

ágy

кревет

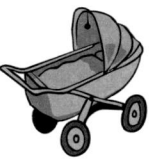

babakocsi

дјечија колица

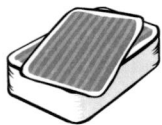

kártyapakli

игра са картама

kirakós játék

слагалица

SUPER MEGA

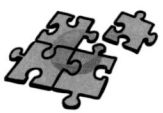

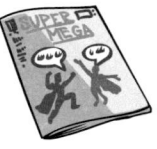

képregény

стрип

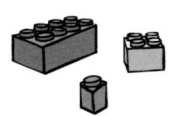

építőkockák

лего коцкице

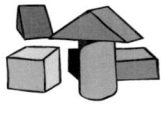

építőelem

коцкице за слагање

szuperhős

акциони јунак

rugdalózó

бенкица за бебе

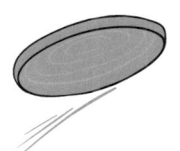

frizbi

фризби

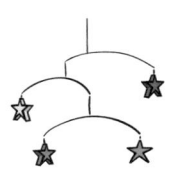

zenélő forgó

висеће играчке

társasjáték

друштвене игре

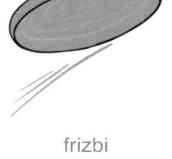

kocka

коцка

modellvasút

минијатурна жељезница

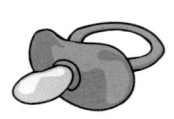

cumi

дуда

zsúr

забава

képeskönyv

сликовница

labda

лопта

baba

лутка

játszani

играти

homokozó

пешчаник

hinta

љуљачка

játékok

играчка

videójáték konzol

конзола за игре

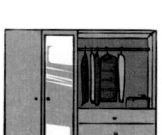

tricikli

трицикл

teddi maci

теди

ruhásszekrény

ормар

ruházat

одећа

zokni

кратке чарапе

harisnya

чарапе

harisnyanadrág

хулахопке

sál
шал

esernyő
кишобран

öv
каиш

póló
мајица

csizma
чизме

papucs
папуче

tornacipő
патике

szandál
сандале

cipő
ципеле

gumicsizma
гумене чизме

alsónadrág
гаћице

melltartó
грудњак

mellény
поткошуља

body

боди

nadrág

панталоне

farmer

фармерке

szoknya

сукња

blúz

блуза

ing

кошуља

pulóver

џемпер

kapucnis pulóver

џемпер с капуљачом

blézer

сако

dzseki

јакна

kabát

мантил

esőkabát

кабаница

kosztüm

костим

ruha

хаљина

esküvői ruha

венчаница

öltöny

одело

hálóing

спаваћица

pizsama

пиџама

szári

сари

fejkendő

марама за главу

turbán

турбан

burka

бурка

kaftán

кафтан

abaya

абаја

fürdőruha

купаћи костим

fürdőnadrág

купаће гаћице

rövidnadrág

кратке панталоне

tréningruha

одећа за тренинг

kötény

кецеља

kesztyű

рукавице

gomb

дугме

szemüveg

наочаре

karkötő

наруквица

nyaklánc

огрлица

gyűrű

прстен

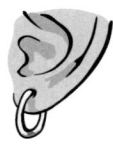

fülbevaló

наушница

sapka

капа

vállfa

вешалица

kalap

шешир

nyakkendő

кравата

cipzár

патент затварач

bukósisak

кацига

nadrágtartó

нараменице

iskolai egyenruha

школска униформа

egyenruha

униформа

előke
....
подбрадак

cumi
....
дуда

pelenka
....
пелена

iroda

канцеларија

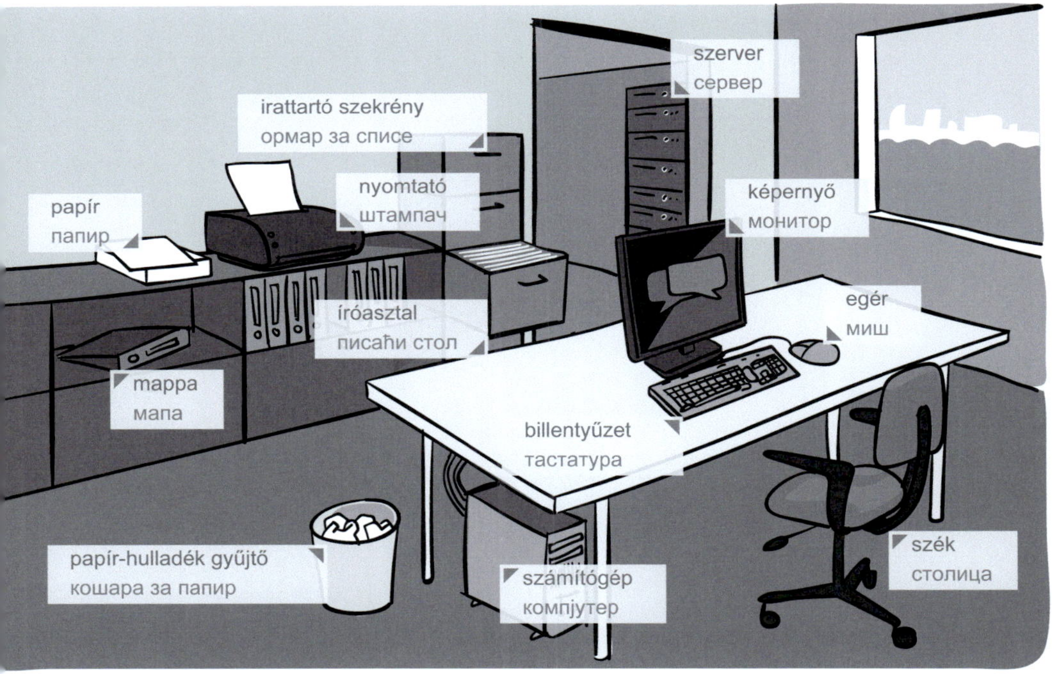

szerver
сервер

irattartó szekrény
ормар за списе

nyomtató
штампач

papír
папир

képernyő
монитор

íróasztal
писаћи стол

egér
миш

mappa
мапа

billentyűzet
тастатура

papír-hulladék gyűjtő
кошара за папир

szék
столица

számítógép
компјутер

kávéscsésze
....
шалица за каву

számológép
....
калкулатор

internet
....
интернет

laptop

лаптоп

levél

писмо

üzenet

порука

mobiltelefon

мобилни телефон

hálózat

мрежа

fénymásoló

уређај за копирање

szoftver

софтвер

telefon

телефон

konnektor

утичница

faxgép

факс

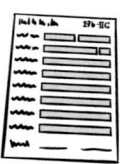

formanyomtatvány

формулар

dokumentum

документ

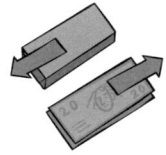

venni

куповати

fizetni

платити

kereskedni

трговати

pénz

новац

dollár

долар

euró

евро

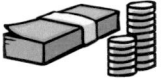

jen

јен

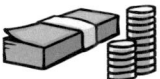

rubel

рубља

svájci frank

швајцарски франак

kínai jüan

ренминдби јуан

rúpia

рупија

bankautomata

аутомат за новац

valutaváltó iroda

мењачница

arany

злато

ezüst

сребро

olaj

нафта

energia

енергија

ár

цена

szerződés

уговор

adó

порез

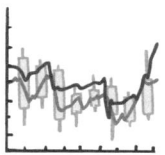

részvény

деонице

dolgozni

радити

munkavállaló

службеник

munkaadó

послодавац

gyár

фабрика

üzlet

продавница

foglalkozások
занимања

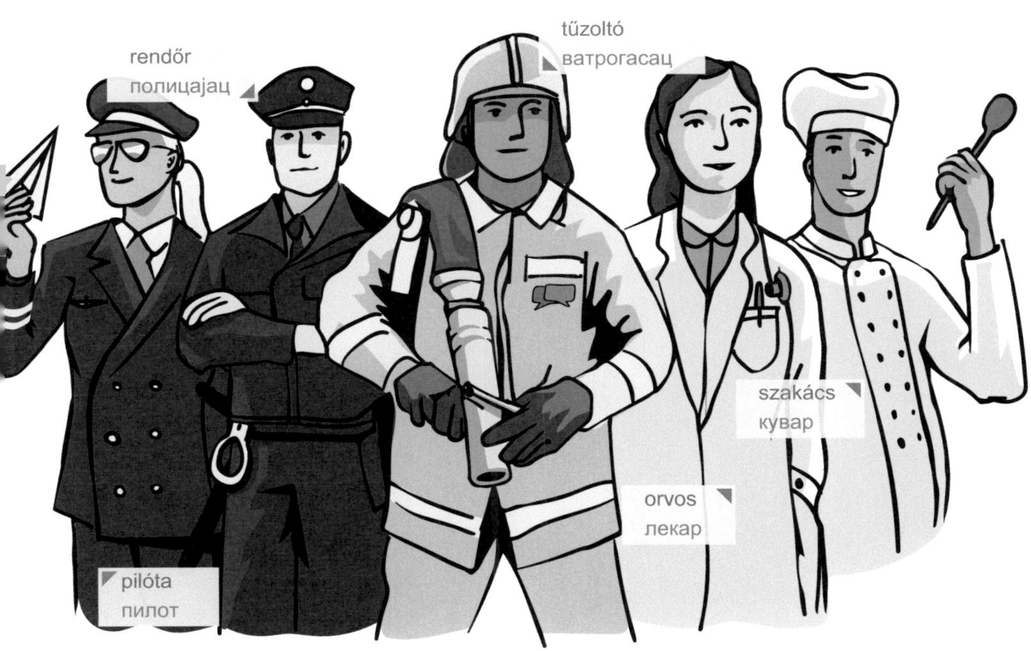

rendőr
полицајац
tűzoltó
ватрогасац
szakács
кувар
orvos
лекар
pilóta
пилот

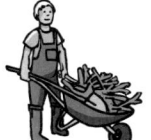

kertész

вртлар

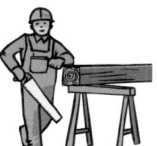

kárpitos

столар

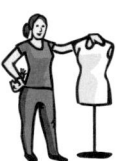

varrónő

кројачица

bíró

судија

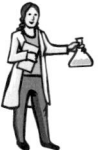

vegyész

хемичар

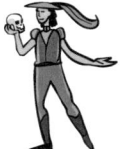

színész

глумац

buszsofőr

возач аутобуса

taxisofőr

возач таксија

halász

рибар

bejárónő

чистачица

tetőfedő

кровопокривач

pincér

конобар

vadász

ловац

festő

сликар

pék

пекар

villanyszerelő

електричар

építőmunkás

грађевински радник

mérnök

инжењер

hentes

месар

vízvezeték-szerelő

лимар

postás

поштар

katona

војник

építész

архитекта

eladó

благајник

virágos

цвећар

fodrász

фризер

kalauz

кондуктер

műszerész

механичар

kapitány

капетан

fogorvos

зубар

tudós

научник

rabbi

раби

imám

имам

szerzetes

монах

lelkész

свећеник

szerszámok

алати

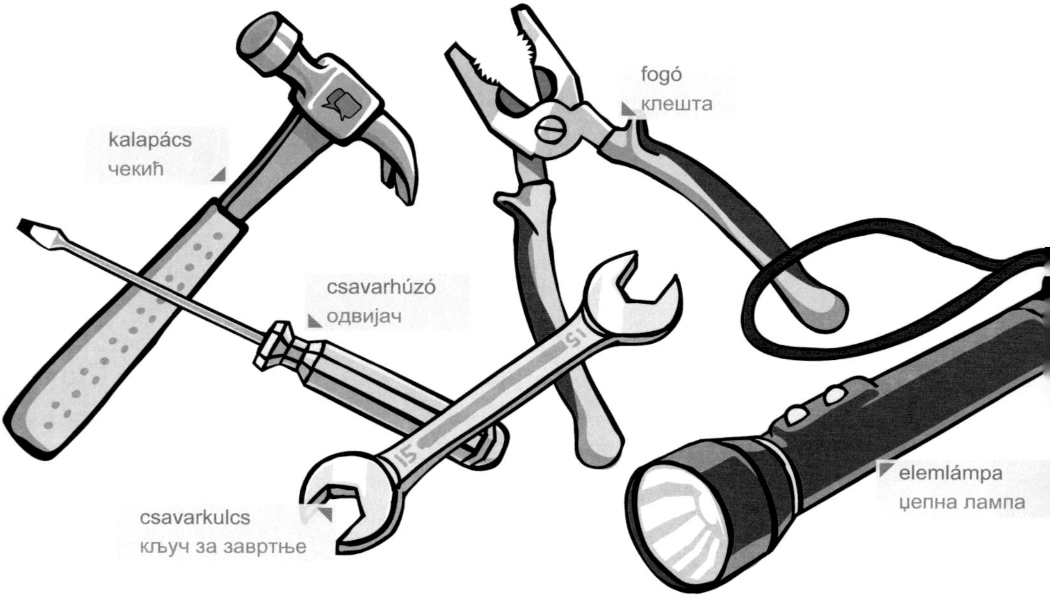
kalapács
чекић
fogó
клешта
csavarhúzó
одвијач
elemlámpa
џепна лампа
csavarkulcs
кључ за завртње

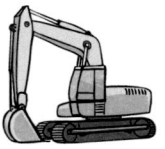

markológép

багер

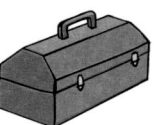

szerszámosláda

кутија за алат

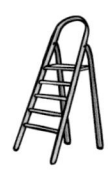

vödör

мердевине

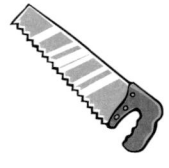

fűrész

пила

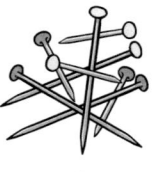

szög

ексер

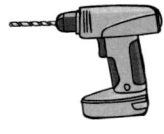

fúrógép

бушилица

megjavítani

поправити

lapát

лопата

A francba!

до ђавола!

szemétlapát

лопатица

festékesdoboz

лонац за боју

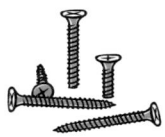

csavar

завртањи

hangszerek
музички инструмент

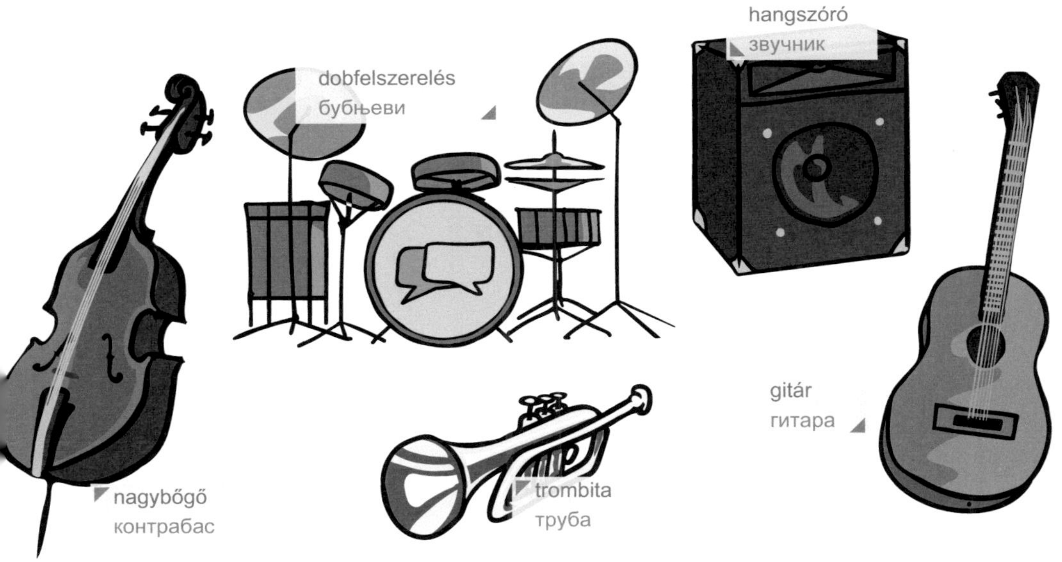

hangszóró
звучник

dobfelszerelés
бубњеви

gitár
гитара

nagybőgő
контрабас

trombita
труба

zongora

клавир

hegedű

виолина

basszusgitár

бас

üstdob

тимпани

dobok

удараљке за бубњеве

digitális zongora

типке клавира

szaxofon

саксофон

fuvola

флаута

mikrofon

микрофон

állatkert

зоолошки врт

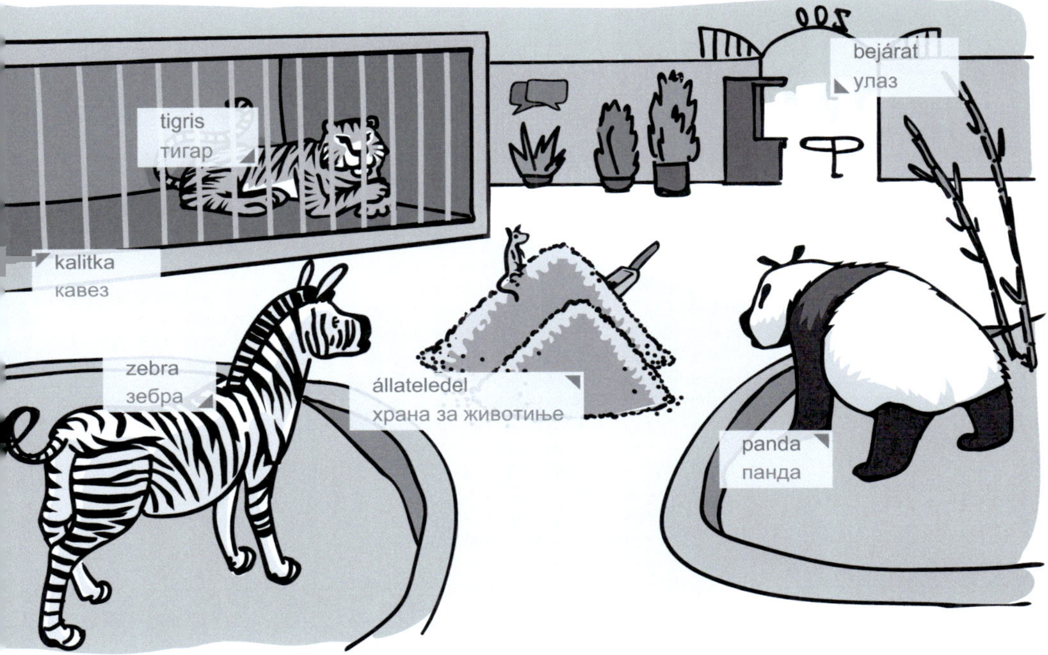

tigris
тигар
bejárat
улаз
kalitka
кавез
zebra
зебра
állateledel
храна за животиње
panda
панда

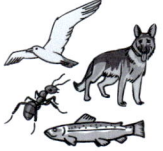

állatok

животиње

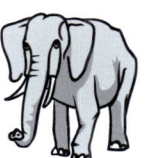

elefánt

слон

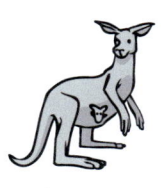

kenguru

кенгур

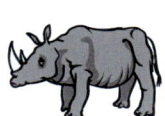

orrszarvú

носорог

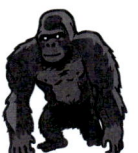

gorilla

горила

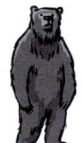

medve

медвед

teve

камила

strucc

нoj

oroszlán

лав

majom

мajмун

flamingó

фламинго

papagáj

папагај

jegesmedve

поларни медвед

pingvin

пингвин

cápa

ajкула

páva

паун

kígyó

змиja

krokodil

крокодил

állatgondozó

чувар у зоолошком врту

fóka

туљан

jaguár

jaгyap

pónió

пони

leopárd

леопард

víziló

нилски коњ

zsiráf

жирафа

sas

орао

vaddisznó

дивља свиња

hal

риба

teknős

корњача

rozmár

морж

róka

лисица

gazella

газела

amerikai futball
амерички ногомет

kerékpározás
бициклизам

tenisz
тенис

kosárlabda
кошарка

úszás
пливање

boksz
бокс

jégkorong
хокеј на леду

futball

фудбал

tollas

бадминтон

atlétika

атлетика

kézilabda

рукомет

síelés

скијање

lovaspóló

поло

ugrani
скочити

nevetni
смејати се

ölelni
загрлити

sétálni
ићи

énekelni
певати

álmodni
сањати

dicsérni
молити се

csókolni
пољубити

írni
писати

rajzolni
цртати

mutatni
показати

tolni
гурати

adni
дати

vinni
узети

birtokolni

имати

csinálni

чинити

lenni

бити

állni

стојати

futni

трчати

húzni

повлачити

hajít

бацити

esni

падати

hazudni

лежати

várni

чекати

vinni

носити

ülni

седити

felvenni

облачити

aludni

спавати

felébredni

пробудити се

ránézni

гледати

sírni

плакати

simogat

миловати

fésülni

чешљати

beszélni

говорити

megérteni

разумети

kérdezni

питати

hallgatni

слушати

inni

пити

enni

јести

takarítani

поспремити

szeretni

волети

főzni

кухати

vezetni

возити

szállni

летети

vitorlázni

пловити

számol

рачунати

olvasni

читати

tanulni

учити

dolgozni

радити

házasodni

венчати се

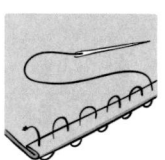

varrni

шити

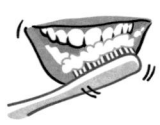

fogat mosni

прати зубе

ölni

убити

dohányozni

пушити

küldeni

послати

család

породица

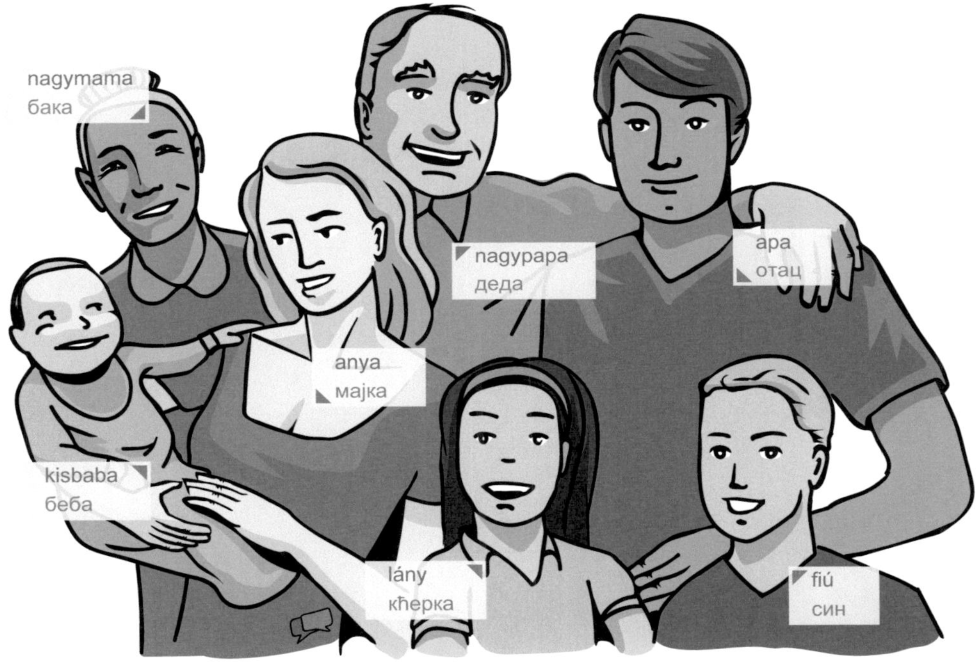
nagymama
бака
nagypapa
деда
apa
отац
anya
мајка
kisbaba
беба
lány
кћерка
fiú
син

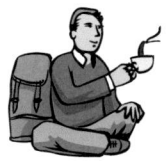

vendég

гост

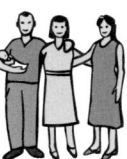

nagynéni

тетка

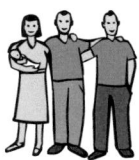

nagybácsi

ујак, стриц

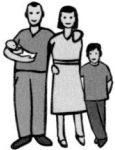

fiútestvér

брат

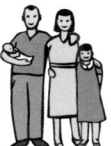

lánytestvér

сестра

test

тело

homlok
чело
szem
око
váll
раме
ujj
прст
arc
лице
áll
брада
kéz
рука
mell
груди
láb
нога
kar
рука

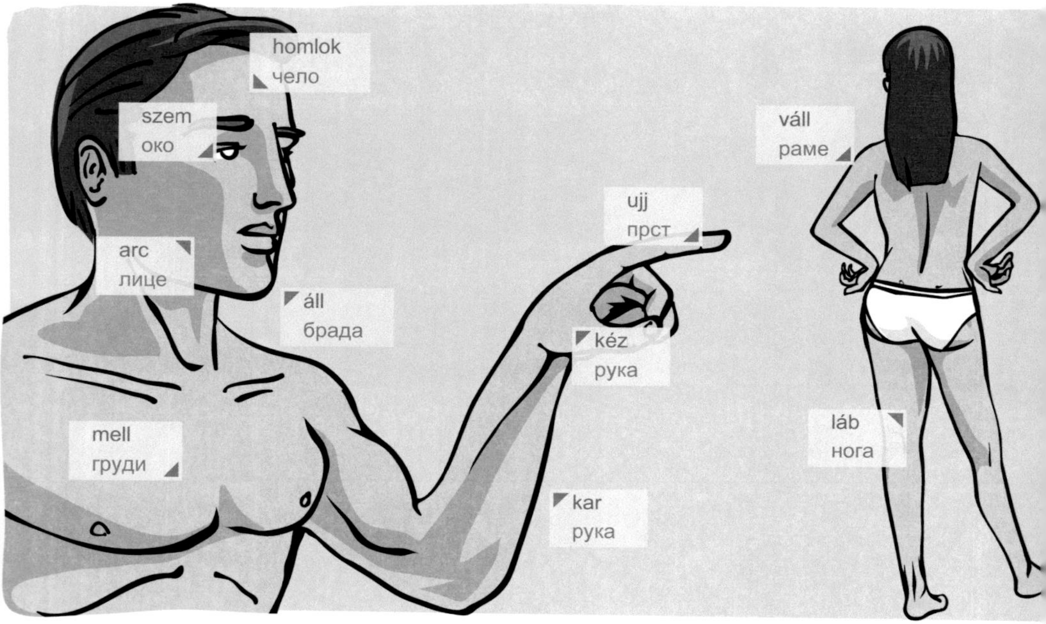

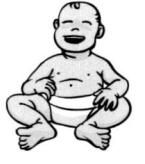

kisbaba
беба

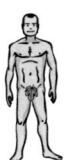

ember
мушкарац

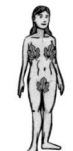

nő
жена

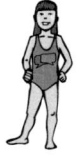

lány
девојчица

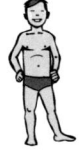

fiú
дечак

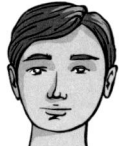

fej
глава

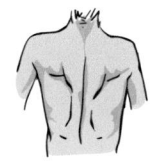

hát

леђа

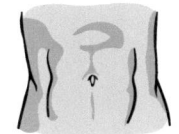

has

стомак

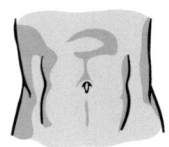

köldök

пупак

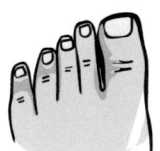

lábujj

ножни прст

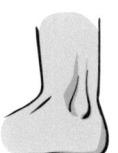

sarok

пета

csont

кост

csípő

кукови

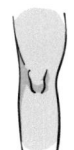

térd

колено

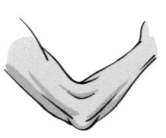

könyök

лакат

orr

нос

fenék

задњица

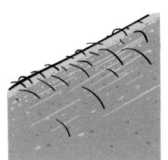

bőr

кожа

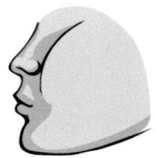

orca

образ

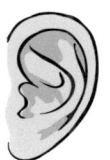

fül

уво

ajak

усна

száj

уста

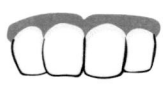

fog

зуб

nyelv

језик

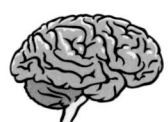

agy

мозак

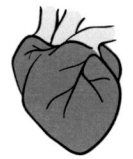

szív

срце

izom

мишић

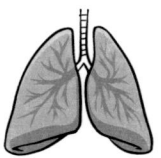

tüdő

плућа

máj

јетра

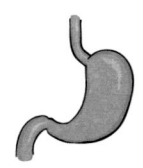

gyomor

желудац

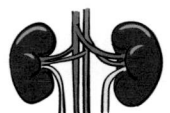

vese

бубрези

szex

полни однос

kondom

кондом

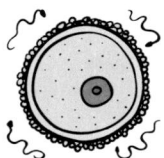

petesejt

јајна ћелија

sperma

сперма

terhesség

трудноћа

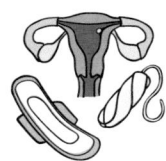

menstruáció

менструација

vagina

вагина

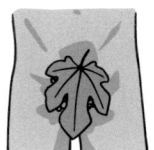

pénisz

пенис

szemöldök

обрва

haj

коса

nyak

врат

kórház
болница

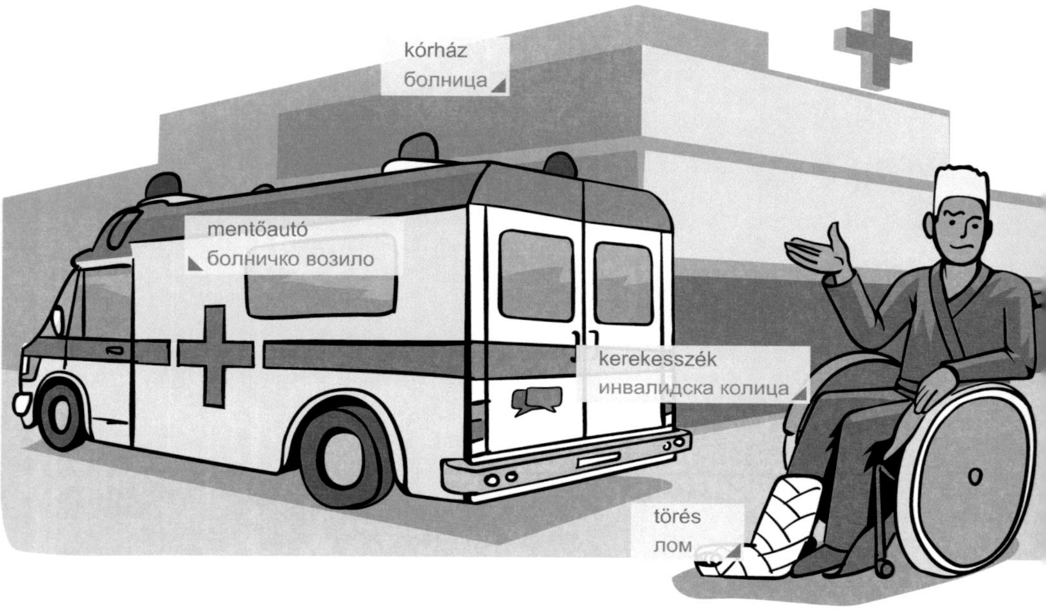

kórház
болница
mentőautó
болничко возило
kerekesszék
инвалидска колица
törés
лом

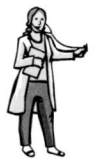

orvos

лекар

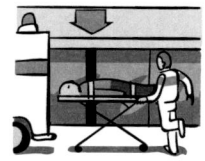

sürgősségi osztály

хитна медицинска служба

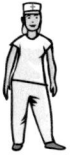

ápoló

медицинска сестра

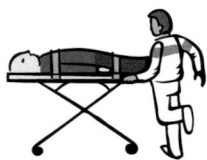

vészhelyzet

хитни случај

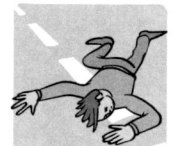

eszméletlen

несвест

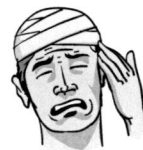

fájdalom

бол

sérülés

повреда

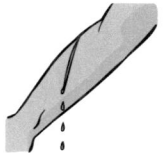

vérzés

крварење

szívroham

срчани удар

szélütés

удар

allergia

алергија

köhögés

кашаљ

láz

грозница

influenza

грипа

hasmenés

пролив

fejfájás

главобоља

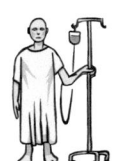

rák

рак

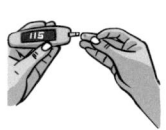

cukorbetegség

дијабетес

sebész

хирург

szike

скалпел

műtét

операција

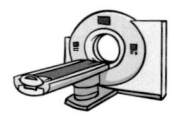

CT

цт

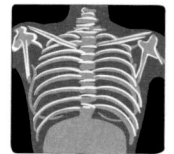

röntgen

рентген

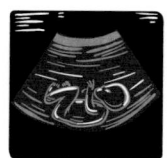

ultrahang

ултразвук

arcmaszk

маска

betegség

болест

váróterem

чекаона

mankó

штака

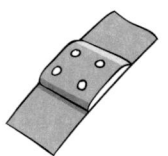

sebtapasz

фластер

kötszer

завој

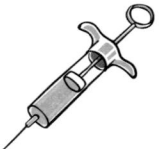

injekció

инјекција

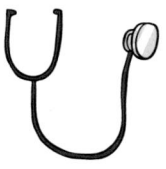

sztetoszkóp

стетоскоп

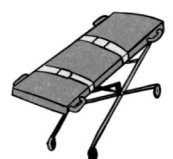

hordágy

носила

klinikai hőmérő

термометар

születés

рођење

túlsúly

прекомерна тежина

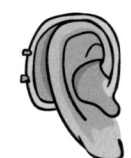

hallókészülék

слушни апарат

fertőtlenítőszer

средство за дезинфекцију

fertőzés

инфекција

vírus

вирус

HIV/AIDS

хив / аидс

orvosság

медицина

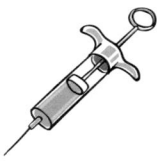

oltás

вакцинација

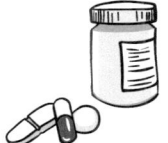

tabletták

таблете

tabletta

пилула

sürgősségi hívás

хитни позив

vérnyomásmérő

уређај за мерење притиска

betegség / egészség

болесно / здраво

Segítség!

помоћ!

riasztás

аларм

rajtaütés

насртај

támadás

напад

veszély

опасност

vészkijárat

излаз у случају нужде

tűz!

пожар!

tűzoltókészülék

противпожарни апарат

baleset

незгоца

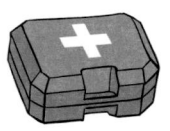

elsősegélycsomag

кутија прве помоћи

SOS

сос

rendőrség

полиција

Európa

Европа

Észak-Amerika

Северна Америка

Dél-Amerika

Јужна Америка

Afrika

Африка

Ázsia

Азија

Ausztrália

Аустралија

Atlanti-óceán

Атлантик

Csendes-óceán

Пацифик

Indiai-óceán

Индијски океан

Déli-óceán

Антарктички океан

Jeges-tenger

Арктички океан

Északi-sark

Северни рол

Déli-sark

Јужни рол

Antarktisz

Антарктик

föld

земља

szárazföld

земља

tenger

море

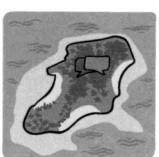

sziget

оток

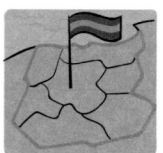

nemzet

нација

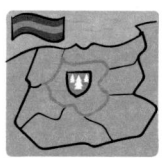

állam

држава

számlap

бројчаник сата

kismutató

сатна казаљка

nagymutató

минутна казаљка

másodpercmutató

секундна казаљка

Mennyi az idő?

Колико је сати?

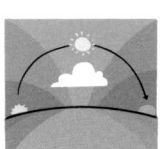

nap

дан

idő

време

most

сада

digitális óra

дигитални сат

perc

минута

óra

час

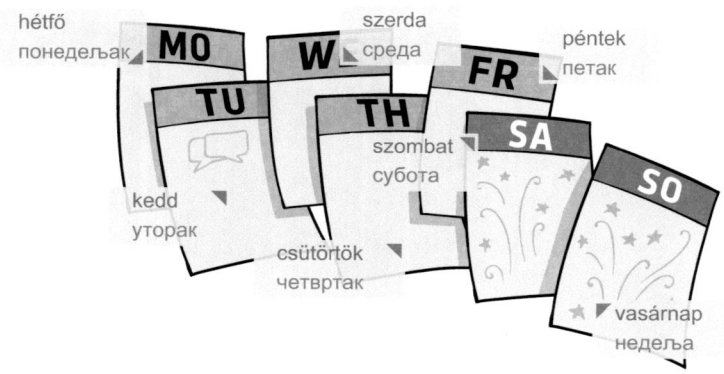

hétfő / понедељак
szerda / среда
péntek / петак
MO · TU · W · TH · FR · SA · SO
kedd / уторак
csütörtök / четвртак
szombat / субота
vasárnap / недеља

tegnap

јуче

ma

данас

holnap

сутра

reggel

јутро

dél

подне

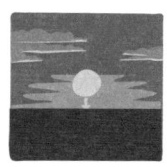

este

вече

MO	TU	WE	TH	FR	SA	SU
1	2	3	4	5	6	7
8	9	10	11	12	13	14
15	16	17	18	19	20	21
22	23	24	25	26	27	28
29	30	31	1	2	3	4

hétköznap

радни дани

MO	TU	WE	TH	FR	SA	SU
1	2	3	4	5	6	7
8	9	10	11	12	13	14
15	16	17	18	19	20	21
22	23	24	25	26	27	28
29	30	31	1	2	3	4

hétvége

викенд

eső
киша

szivárvány
дуга

szél
ветар

hó
снег

tavasz
пролеће

ősz
jecен

nyár
лето

tél
зима

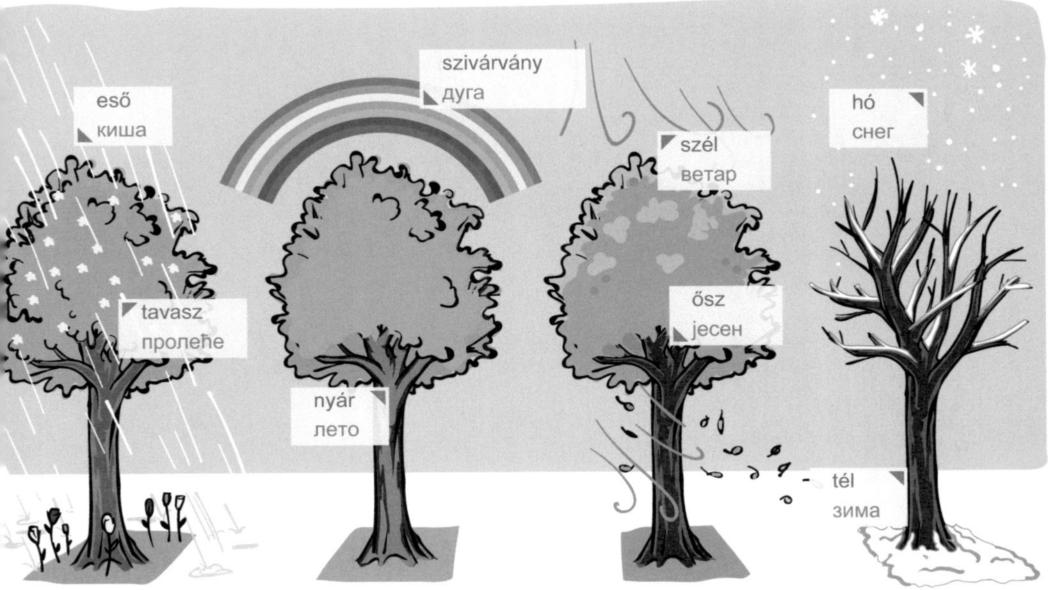

időjárás előrejelzés

метеоролошка прогноза

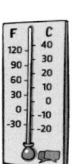

hőmérő

термометар

napsütés

сунчана светлост

felhő

облак

köd

магла

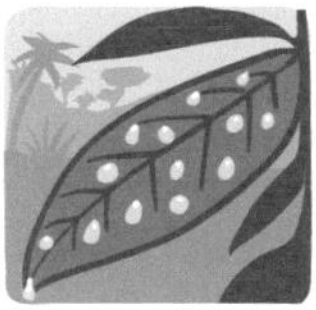

páratartalom

влажност ваздуха

villámlás

муња

mennydörgés

грмљавина

vihar

олуја

jégeső

туча

monszun

монсун

áradás

поплава

jég

лед

január

јануар

február

фебруар

március

март

április

април

május

мај

június

јуни

július

јули

augusztus

август

év - година

szeptember
....
септембар

október
....
октобар

november
....
новембар

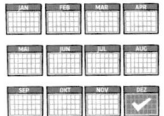

december
....
децембар

kör
....
круг

négyzet
....
квадрат

téglalap
....
правоугао

háromszög
....
троугао

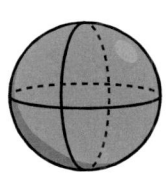

gömb
....
кугла

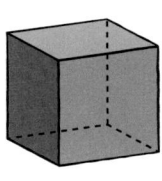

kocka
....
коцка

fehér

бела

sárga

жута

narancs

наранџаста

rózsaszín

ружичаста

piros

црвена

lila

љубичаста

kék

плава

zöld

зелена

barna

смеђа

szürke

сива

fekete

црна

sok / kevés

много / мало

mérges / nyugodt

љутито / мирно

szép / csúnya

лепо / ружно

kezdet / vég

почетак / крај

nagy / kicsi

велико / малено

világos / sötét

светло / тамно

fivér / nővér

брат / сестра

tiszta / koszos

чисто / прљаво

teljes / nem teljes

потпуно / непотпуно

nappal / éjszaka

дан / ноћ

halott / élő

мртво / живо

széles / keskeny

широко / уско

ehető / nem ehető

јестиво / нејестиво

gonosz / kedves

зло / добро

izgatott / unott

узбуђено / досадно

kövér / vékony

дебело / мршаво

első / utolsó

на почетку / на крају

barát / ellenség

пријатељ / непријатељ

teli / üres

пуно / празно

kemény / puha

тврдо / мекано

nehéz / könnyű

тешко / лагано

éhség / szomjúság

глад / жеђ

betegség / egészség

болесно / здраво

illegális / legális

илегално / легално

intelligens / buta

паметно / глупо

bal / jobb

лево / десно

közel / távol

близу / далеко

új / használt

ново / половно

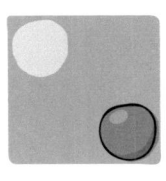

semmi / valami

ништа / нешто

idős / fiatal

старо / младо

be / ki

укључено / искључено

nyitva / zárva

отворено / затворено

csendes / hangos

тихо / гласно

gazdag / szegény

богато / сиромашно

helyes / helytelen

тачно / погрешно

érdes / sima

храпаво / глатко

szomorú / vidám

тужно / сретно

rövid / hosszú

кратко / дуго

lassú / gyors

полако / брзо

nedves / száraz

мокро / сухо

meleg / hideg

топло / хладно

háború / béke

рат / мир

számok
брojеви

0
nulla
нула

1
egy
jедан

2
kettő
два

3
három
три

4
négy
четири

5
öt
пет

6
hat
шест

7
hét
седам

8
nyolc
осам

9
kilenc
девет

10
tíz
десет

11
tizenegy
jеданаест

12

tizenkettő

дванаест

13

tizenhárom

тринаест

14

tizennégy

четрнаест

15

tizenöt

петнаест

16

tizenhat

шестнаест

17

tizenhét

седамнаест

18

tizennyolc

осамнаест

19

tizenkilenc

деветнаест

20

húsz

двадесет

100

száz

стотину

1.000

ezer

хиљаду

1.000.000

millió

милион

angol

енглески

amerikai angol

амерички енглески

mandarin kínai

мандарински кинески

hindi

хиндски

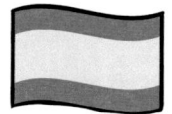

spanyol

шпански

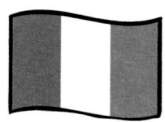

francia

француски

arab

арапски

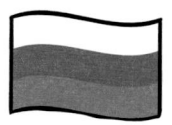

orosz

руски

portugál

португалски

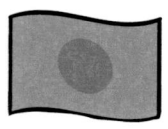

bengáli

бенгалски

német

немачки

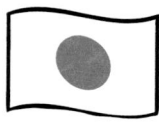

japán

јапански

én

ja

te

ти

ő

он / она / оно

mi

ми

ti

ви

ők

они

ki?

Ко?

mi?

Шта?

hogyan?

Како?

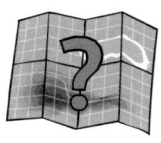

hol?

Где?

mikor?

Када?

név

име

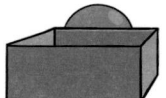

mögött

иза

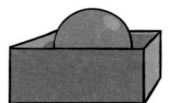

benne

у

elötte

испред

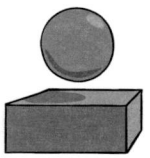

felette

преко

rajta

на

alatta

испод

mellett

поред

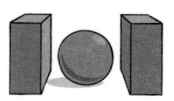

között

између

hely

место